El árbol de Navidad

Se dedica este libro a todos los niños alrededor del mundo.

**Texto y fotos por
Donna L. Cuevas Roeder**

¡Vamos a decorar el árbol de Navidad!

Primero, ponemos las ramas.

Después, ponemos

las lucecitas.

También, ponemos los moños.

Luego, ponemos

las esferas.

Por fin, ponemos los listones.

¡Es el día de Navidad!

¡Estamos listos para ver

debajo del árbol!

¡Qué sorpresa!

¡Regalos para todos!